Meine Heimat ist meine Kindheit
Sach ma nix
Und meine Kindheit
Liegt am Niederrhein
Und deshalb bin ich kein Kind geblieben
Wie man so sacht
Sondern ich bin ein Kind
Ein Niederrheinisches
Das nie erwachsen wird
Sach ma nix

Hanns Dieter Hüsch
Norbert Schinner

# Sach ma nix

Unser Niederrhein

Eine Reise
in Geschichten und Bildern

Brendow
Buch · Kunst · Verlag

Die Deutsche Bibliothek – CIP-Einheitsaufnahme

**Sach ma nix** : unser Niederrhein –
eine Reise in Bildern und Geschichten/
Geschichten von Hanns Dieter Hüsch und
Bilder von Norbert Schinner.
Moers: Brendow, 1997
ISBN 3-87067-680-9
NE: Hüsch, Hanns Dieter; Schinner, Norbert

ISBN 3-87067-680-9

Umschlag- und Innengestaltung:
Britta Böseler-Zimmer und Silja Dworak (Brendowcreativ)
Foto Hanns Dieter Hüsch: Norbert Schinner
Foto Norbert Schinner: Manfred Ehrich
Repro: Digitales Offset Studio, Moers
Gesamtherstellung: Brendow Druck, Moers
Printed in Germany

# INHALT

Die mittelalterliche Zollfeste Zons: reizvoll zu jeder Jahreszeit.

Schloß Dyck bei Bedburdyck (Jüchen): Besonders im Herbst lohnt sich ein Spaziergang durch den weitläufigen Park und die Kastanienallee zum Kloster St. Nikolaus.

## Niederrheinische Weisheit

Et gibt bei uns am Niederrhein
Einen Satz der heißt:
Wer weiß wozu et gut war
Oder
Wer weiß wozu et gut is
Dieses Wort gibbet sicher auch im Westfälischen
Oder im Bergischen Land un im Kohlenpott speziell
Un auch im südlichen Rheinland
Wo man nicht so aggressiv gehemmt is
Wie am Niederrhein
Denn dieses kluge Wort: Wer weiß wozu et gut is
Setzt ja meist was Unangenehmes voraus
Oder das Unangenehme is schon passiert ne
Und man hat etwas einstecken müssen
Oder was hinnehmen müssen
Und zwar ziemlich feste
Womöglich eine richtige Niederlage
Un jetzt braucht man Trost ne
Un dann heisset eben: Wer weiß wozu et gut war
Un en paar Jahr später
Triumph Triumph!
Hat sich das Wort bewährt
Et war wirklich besser damals nachzugeben
Etwas abzugeben
Manchmal um des lieben Friedens willen
Un manchmal weil man aggressiv gehemmt ist
Das hab ich neulich noch einem Bekannten
Erklären müssen
Der wußte nicht was aggressiv gehemmt ist
Ich hatte ihm nämlich auf den Kopf zugesagt
Daß er aggressiv gehemmt sei
Und da sachte er: Wat is dat dann?
Un dann hab ich ihm das erklärt
Zum Beispiel hab ich gesacht
Wenn dich jemand fragt ob du ihn
Mitnehmen könntest
Obwohl et für dich en Umweg is
Dann sachst du doch meistens nicht:
Tut mir leid ich bin heut knapp in der Zeit
En andermal gern

Insel Hombroich (Neuss): Ein außergewöhnliches Museum, in dem man Kunst und Natur in einmaliger Weise erleben kann.

Du würdest doch dann sicher sagen:
Ja gut et is zwar en Umweg für mich
Aber vielleicht schaff ich das doch noch zeitlich
Wer weiß wozu et gut is
Das hab ich dem Bekannten so erklärt
Un der hat das auch bestätigt daß er so schlecht
NEIN
Sagen könne un oft sogar zu seinem eigenen
Nachteil Dinge mache
Die er eigentlich gar nicht machen könne
Aber oft habe er dann viel später erst erlebt
Dat et doch gut und sogar richtig gewesen sei
Sisste hab ich da gesacht dat is
Dat niederrheinische nicht NEIN
Sagen können und doch wat davon haben
Un der andere denkt auch noch: Gott is de nett
Frauen sind da schon strenger drin
Mein Frau sacht dann immer:
Das hätt ich nicht gemacht
Da wirste doch nur ausgenutzt
Mag ja sein sach ich dann immer
Aber wer weiß wozu et gut is
Also das kapiere ein anderer sacht dann mein Frau
Das ist doch Masochismus
Nee sach ich das ist langfristig-kreativ
Und der Frieden bleibt auch noch erhalten
Ja aber nur auf deine Kosten sacht mein Frau
Ja sicher sach ich jeder zahlt seinen Preis
Aber auf die Dauer bin ich der Klügere
Du willst doch nur deine Ruhe haben
Sacht meine Frau
Erzähl mir doch nix
Wer weiß wozu et gut is
Dat sagen all die die sich nicht durchsetzen können
Hab ich doch gar nicht nötig sach ich
Ich will mich gar nicht durchsetzen und bei dir
Schon gar nicht
Hab ich zu mein Frau gesacht
Versöhnen statt spalten hat mein Freund
Johannes gesagt
Es lebe die aggressive Gehemmtheit
Die hat schon manchen Krieg verhindert
Besonders am Niederrhein.

## Unsterbliche Sätze

Also et gibt ja Sätze
Sach ich immer
Die gehen einem ein Leben lang nicht aus dem Kopf
Da kannze machen wat de willz
Selbst wenn de schon steinalt bist
Un gebrechlich un wat weiß ich nich alles
Da gibbet Sachen die wirsse einfach nich mehr los
Ich weiß ja nun nich ob Se auch auf sowat achten
Ich muß dat ja schon von Berufs wegen
Also drauf gucken
Wat de Leut alles so von sich geben
Aber so richtige zeitlose Sätze wie zum Beispiel:
„Auf schwarz sieht man alles"
Dat is eigentlich ein unsterblicher Satz
Jedenfalls für mich
Den Satz haben meine niederrheinischen
Tanten immer gesacht
Da war ich höchstens fünf oder sechs Jahre alt
Da gingen die montagabends in den Kirchenchor
Zur Probe
Un dann standen die vor dem Spiegel
Alle in schwarz natürlich
Und zoppelten an ihrer Klädasche rum
Alle machten sich so Fädkes un Plüskes ab
Un sachten dann immer:
„Auf schwarz sieht man alles ne"
Dat verstehst du noch nicht dumme Jung
Werd du erstmal erwachsen dann weiße auch
Wat dat heißt:
„Auf schwarz sieht man alles"
Un so hab ich mehrere Sätze die mich
Tatsächlich lebenslänglich begleiten
Zum Beispiel als Kind hießet doch immer:
Muß viel Spinat essen da is Eisen drin
Den Satz sachte immer mein Tante Anna
Die erst mit 91 zum erstenmal zum Zahnarzt mußte
Ja mein lieber Scholli
Dat waren noch Gebisse damals
Un ihre Tochter wohnt ja jetzt in Eckernförde
Warum weiß ich auch nicht
Aber Tante Anna sachte immer:
Muß viel Spinat essen is Eisen drin
Ich weiß bis heut nich wat dat heißen soll
Aber am Niederrhein wird dat einfach so gesacht
Un dann hat man sich damit abzufinden
Ich hab dann als Kind immer mit der Gabel
Nach dem Eisenstück gesucht
Un gestochert
Ja ich wollte dat so auf den Tellerrand legen
Wie sone Speckschwarte
Ich dachte immer dat wär son Eisenstück
In Briefmarkengröße
So mitverkocht damit das Ganze son herben
Leicht rostigen Geschmack bekommt
Dachte ich
Völlig bekloppt natürlich
Aber es hat mir ja auch niemand erklärt damals
Weil se et ja all selbst nicht wußten
„Hör auf zu schielen sonz bleiben die Augen stehn"
Dat war auch son Satz

„Sonz bleiben die Augen stehn"
Oder
„Auf unreife Stachelbeeren trinkt man kein Wasser"
Ich mein gut das war alles früher
Heut macht dat alles mein Frau
Die sacht also so richtig gute Sätze wie:
„Iß nicht so viel Salz
Salz bindet Wasser"

Düsseldorf-Benrath: Schloß Benrath zählt zu den schonsten Rokokobauten in Deutschland.

Aha sach ich dann jetzt geht der Chemiekurs los
Nein sacht mein Frau jetzt geht kein Kurs los
Sondern das ist völlig ungesund was du da machst
Ooch sach ich nur son bissken für et Ei
Oder auf son Radieschen
Also sach ich Eier un Radieschen un Kartoffeln
Ohne Salz
Da ess ich lieber gar nix
Oder nur das Salz
„Aber Salz bindet das Wasser"
Du wirst es ja sehen
Du hast ja recht sach ich dann zu mein Frau
Un ich danke dir
Du hast da en Plüschen auf dem Pullover
Ja sacht mein Frau nun auch schon:
„Auf schwarz sieht man alles".

In Düsseldorf bewacht Jan Wellem hoch zu Roß das spätgotische Rathaus.

Die Düsseldorfer Königsallee, im Volksmund „Kö" genannt, ist Prachtboulevard und grüne Oase zugleich.

Pantomime auf der „Kö“, lebendige Kunst im Alltag.

Sach ma nix
Und kumma hier
Wie schön dat is

Düsseldorfer Impressionen: Oberkasseler Brücke im Abendlicht, Altstadtufer und Blick über die Kricke-Plastik auf die Rheinknie-Brücke.

Mönchengladbach: Biergärten auf dem Alten Markt.

Fans von Borussia Mönchengladbach

Koller's Kahn in Düsseldorf

50 Jahre NRW

Im Quellgebiet der Schwalm (r.) liegt die malerische Burg Tüschenbroich (l.).

Beliebte Ausflugsziele für Radwanderer und Paddler: Hariksee und Brempter Mühle im Schwalmtal.

Sehenswürdigkeiten an Schwalm und Nette: Burg Brüggen und Schloß Krickenbeck (im Privatbesitz der WestLB).

## Verlorenes Kinderlied

Sagen Sie mal
Geht es Ihnen manchmal auch so
Daß Sie tagelang wat suchen
Un dann ers richtig zufrieden sind
Wenn Sie et dann gefunden haben
Un manchmal is dat ja richtiggehend blödsinnig
Bei mir jedenfalls
Also bei mir is dat oft so daß man sagen kann:
Dessen Sorgen möcht ich haben
Aber dat war bei mir immer schon so
Nicht daß Sie meinen das läg vielleicht am Alter
Nee dat war schon bei mir als kleines Kind so
Als ich noch klein war
Also von klein auf
Als ich noch am Niederrhein aufgewachsen wurde
Ich hör eine Melodie oder ich hör einen Satz
Un der erinnert mich an irgendwat
Wat mir dann im Augenblick nicht einfällt
Un dann steh ich da und bin völlig verzweifelt
Un dann geht das los
Manchmal tagelang bis ich et endlich hab
Bei Namen hat man das ja oft ne
Daß einem der Name von dem einen Schauspieler
Nicht einfällt
Er liegt einem dauernd auf der Zunge
Nich de Schauspieler sondern der Name
Un dann is man schon ganz nah dran
Un dann isser wieder weg
Un dann weiß man eine Silbe und dann einen Vokal
Un dann is plötzlich wieder alles aus
Schrecklich
Ich mein
Viele bleiben da ja ganz ruhig
Aber bei mir da arbeitet das immer ständig weiter
Weil ich ja wie heißt dat
Hat mir neulich jemand gesagt
Weil ich ja komplettierungszwängig bin
Un das kommt wohl daher weil ich Preuße bin
Un das dann nicht aushalte
Oder sagen wer mal so:
Ich bin ein rheinischer Preuße ein niederrheinischer
Un dat is am schlimmsten
Der will nämlich die eine Seele fünfe
Grade sein lassen
Un die andere da will er aus ne vier
Ne zackige eins machen
Neulich da sachte mein Frau so ganz nebenbei zu mir:
Ohne mich zu fragen
Ich weiß gar nicht mehr wat da los war
Aber mir fiel sofort eine rhythmisch-musikalische
Ähnlichkeit
Mit einem anderen Lied ein
Da gibts nämlich son Kinderlied da heisset
Am Schluß:
Ohne sich zu stoßen
Meinen Se mir wär der restliche Text eingefallen
Ich hab Hinz und Kunz gefragt Greti und Pleti
Künstler und Wissenschaftler Sportler und Politiker
Freunde und Feinde
Kein Schwein wußte was

Niemand kannte diesen Kindervers
Ich sachte immer da kommen auch Elefanten
Drin vor und Wald
Un am Schluß heißet: Ohne sich zu stoßen
Und das alles nur weil mein Frau gesacht hatte:
Ohne mich zu fragen
Un dann geht sofort die niederrheinische
Assoziationskette los
Ich will ja immer nochmal
Meine Doktor-Arbeit schreiben:
Der Niederrheiner und seine Assoziationen
Ich weiß gar nicht mehr wen ich noch all gefragt hab
Angerufen hab un angesprochen hab
Schließlich hat mich mein Dichterfreund
Klaus Rudolf Schell
Aus Schwerte nach Tagen erlöst und gesacht
Wat du suchst dat geht so:

Was mögen das für Bäume sein
Wo die großen
Elefanten spazierengehn
Ohne sich zu stoßen
Wunderbar
Endlich hatte ich meine Ruhe wieder
Und Sie werden sicher mit Recht sagen
So kindisch möcht ich auch mal sein
Richtig!

## Seychellen

Sach ma nix
Also wer danach leben kann sach ich immer
Der is fein raus
Denn der macht keine Fehler ne
Is nich so
Is doch so
Wie heißt doch der schöne Satz:
Wenn du geschwiegen hättest
Wärst du ein Philosoph geblieben
Aber ich
Ich bin manchmal richtig blöd
Also blöd is ja immer noch verzeihlich
Aber dumm mein lieber Scholli
Und ich bin manchmal richtig dumm
Oder Sie würden vielleicht sagen ungebildet
Ich mein das trifft mich ja noch mehr
Weil bei mir setzen ja die Leute dieses und
Jenes voraus
Jenes vielleicht nicht aber dieses schon
Zum Beispiel
Sie kennen doch auch den Dichter
Hugo von Hofmannsthal
Ganz berühmt ne
Und der hat ja glaub ich auch im Zusammenhang
Mit Mozart den Satz aufgestellt:
Man muß das Tiefe verstecken
Aber wo?
An der Oberfläche
Der Hofmannsthal hat das gesagt
Is ja nicht schlimm ne

Abendstimmung am Elfrather See (Krefeld-Traar).

Nicht de Mozart
Der hat ja nur die Musik gemacht
Und ich hab das immer so erzählt
Weil ich auch immer gesagt hab:
Ich hab die Tiefe der Oberfläche entdeckt
Aber das will ja nix heißen wenn ich dat sach
Nur ich hab dann immer Hoffmannsthal gesacht
Mit 2 FF
Bis mir schließlich mein bester Freund sachte
Du dat heißt Hofmannsthal mit einem F
Und nicht Hoffmannsthal mit 2 FF wie du
Immer sachst
Da könnse mal sehen
Da liest man son Namen jahrelang und spricht
Ihn jahrelang falsch aus
Das kommt eben weil ich nicht gebildet bin
Und immer an wat anderes denke
Anstatt mich richtig schön zu bilden

Ich hab immer gesacht: Hoffmannsthal mit 2 FF
Hoffmann von Fallersleben Gütermanns Nähseide
Ostermanns Eierfarbe
Absolut ungiftig hab ich immer gedacht
Dat heißt Hoffmannsthal mit 2 FF hab ich
Immer gedacht
Ja Pusteblume
Man soll ja nicht denken man muß nur gebildet sein
Andererseits bin ich ja immer froh und dankbar
Wenn ich wat dazu lern ne
Auch wenn et fast schon zu spät is
Mein bester Freund hat mir auch im Zusammenhang
Mit Mozart gesacht
Das heisse nicht M od e na also de Ort
Das heisse M o dena
Wußte ich auch nicht
Aber wenn man so drauflos lebt wie ich
Da sagt man schon mal einfach Mo d e na
Wichtig is ja nur daß man sich das dann
Auch merken kann
Daß das M o dena heißt
Das ist also im Italienischen so:
Wenn bei einem dreisilbigen Wort auf das
O ein D folgt
Sagt man Mo d e n a
Wenn aber auf das O ein L folgt wird die
Zweite Silbe betont
Wie zum Beispiel Bologna
Man sagt ja nicht B o logna
Aber M o dena
Weil da auf das O ein D folgt
Bei A ist das ähnlich
Folgt auf das A ein V wird die zweite Silbe betont
Zum Beispiel Ravenna
Und bei einsilbigen Worten
Wenn da auf das O ein M folgt
Wird wieder die erste Silbe betont
Wie zum Beispiel Rom
So merk ich mir das alles
Neulich hat mir eine gute Freundin gesagt
Ich würde immer Seischellen sagen
Es hieße aber Seschellen
Ich weiß gar nicht wo die Dinger liegen
Wahrscheinlich da bei de Antilopen oder
Wie die heißen
Also gut hab ich gesagt wenn du das meinst
Dann sach ich ab jetzt: Seschellen
Und wissen Sie wie ich mir das merke:
Se-Schellen und ich komm runter.
Klar?
Klar.

Im Nettetal: Die Stammenmühle auf den Hinsbecker Höhen und der De-Witt-See.

Die Hauptsehenswürdigkeit Grefraths ist das Freilichtmuseum um die Dorenburg.

Mein Vater sachte immer
Wenn wir beide auf dem Friedhof
Zum Grab meiner Mutter gingen
Sach ma nix
Wenn wer gleich nach Haus kommen
Sach ma nix

Am Pfingstwochenende findet der historische Flachsmarkt auf Burg Linn (Krefeld) statt.

Auch im Winter ein reizvoller Anblick: das Jagdschloß im Vorbereich der Burg.

Fotografisch reizvolle
„Augenblicke“ in Kempen:
Altstadtansichten im
Wandel der Jahreszeiten
und der „auferstandene“
Thomas von Kempen
bei der 700-Jahr-Feier.

Die historische Altstadt von Moers: links die Friedrichstraße, rechts der sogenannte „Klompenwenkel".

Sach ma nix
Un kumma hier
Da hab ich als Jung gespielt

Besondere Reize verbreitet der Herbst am Niederrhein: die Vorburg von Schloß Lauersfort und die Kastanienallee vor dem Schloß.

Zwei kulturelle Großereignisse locken in Moers Jahr für Jahr Tausende von Besuchern an: das Comedy Arts Festival im Sommer und das Internationale Jazz Festival zu Pfingsten.

## Tante Mariechen

Wat ne Quatsch
Sachte immer mein
Tante Mariechen
Wenn se zwischen
Spülstein un Gasherd saß

Sie war Näherin
Ledig
Un Stütze im Kirchenchor

Stattliche Frau
Wenn se in ihrem
Beigen Übergangsmantel
Rasch in de Stadt lief
Um sich die Medizin
Zu holen
So sandige Würfel
Die mußte se ohne Wasser
Nehmen
Nachts und dat dauerte
Manchmal acht Stunden
Bis dat Zeuch runter war

Wat ne Quatsch
Sachte immer mein
Tante Mariechen

Wenn se von ihrer Cousine erzählte
Die dem Führer damals
Sechs Kinder geboren

Eins davon war mongoloid
Un hieß Lore
Und war natürlich von allen
Die liebste

Oder wenn se wat hörte
Daß wieder in Rußland
Einer gefallen
Den se schon gut gekannt
Als e noch klein war
Jetzt liegt er Gottweißwo
Verlaust un erlöst

Oder wenn uns damals im Bunker
De Staub in de Augen floch
Wegen der Bomben von diesem Luftdruck
Un de Blockwart
Immer noch ganz im Dunkeln

Ein seltener Anblick: Winter am Schwafheimer Bruchkendel (Moers).

Heil Hitler rief
Un de Bunker ganz schräg stand
In unserem Garten
Wegen der Luftmin
Un draußen alles schon brannte
Un von den Häusern
War nix mehr zu sehn

Wat ne Quatsch
Sachte immer mein
Tante Mariechen

Die mit dem Tumor im Kopf
Obwohl se so schmal war
Un de Kopp
Hamse später dann aufgemacht
Un gleich wieder zugemacht
Sie is gar nich mehr aufgewacht
Inne Klinik
In Düsseldorf
Im Oktober

Die is ja gelaufen
Von Hü nach Hot
Haben die Leute gesacht
Wat hat die nich alles ausprobiert
So Kräuter un Quecksilberkram
Un all son beklopptes Zeuch
Hätt se ma lieber frühzeitig
Haben die Leute gesacht

Aber so kannt einem gehn
Wenn man zu viel prakesiert
Haben die Leute gesacht

Wat ne Quatsch
Sachte immer mein
Tante Mariechen
Und sie meinte damit
Wohl das Leben

Seh ich heut
Einen sterbenden Baum vor mir stehn
Er spricht zwar kein Wort doch sein Leid ist zu sehn
Mein ich oft daß mein Tante Mariechen
In der Krone sitzt und unentwegt näht
Un manchmal den Kopf zu mir dreht:
Wat willst du von mir
Geh na Haus
Un verschließ ganz fest deine Tür
Obwohl du im Kopf noch ganz klar bist
Et kommt bald die Zeit
Ich sehse voraus
Ein Ende das kurz aber wahr ist.

## Und samstags immer auf den Friedhof

Wie sie in ihren Küchen gesessen haben
So liegen sie auch unter der Erde
Aus ihren Augen wachsen Butter- und
Gänseblümchen
Und die Friedhofsgärtnerei Becker
Ist auch schon lang in anderen Händen
Manchmal schickt man was mit Fleurop
Und versucht sich zu erinnern:
Alles hätt nen Övergang
Da trokk sich de Foss
Et Fell über de Kopp
Alles hat einen Übergang
Da zog sich der Fuchs
Das Fell über den Kopf

Ich hab immer gesacht
Beerdigungen muß man üben
Möglichst früh
Dann fällt man auch später
Nicht so schnell aus allen Wolken
Und weiß wie das geht

Ich geb ja gerne zu
Es ist nicht sonderlich erbaulich
Und man hat ja auch immer Angst
Ob man in der richtigen Stimmung ist
Und ob man mit seiner Trauer dem Toten
Gerecht wird
Und zuerst hab ich immer gedacht
Ich bring das nicht fertig
Wohl dem der darin ein Meister ist
Die 3 Schüppen Sand
In gemessenem Tempo
Und dann noch an den Angehörigen vorbei
Wo man manchmal gar nicht genau weiß
Wer der Hauptleidtragende ist
Und sich dann noch vertut
Am besten man konduliert der ganzen Familie
Sach ich immer zu meiner Frau
Und die Familie ist ja auch froh
Und manchmal richtig erstaunt
Daß man gekommen ist
Denn man fragt sich doch immer gleich
Wie groß ist die Beteiligung
Und wie hoch ist die Anzahl der Kränze
Und Siedentops waren auch da
Und der sture Direktor vom Gaswerk
Obwohl die sich jahrelang nicht mehr
Angeguckt haben
Aber ein Trost ist es doch
Der Friedhof machts möglich
Und in die Kapelle konnten ja alle
Gar nicht rein
Und so steht man dann in der großen Schlange
Geduldig und unbeholfen und denkt
Wer wird wohl der nächste sein
Es regnet
Kleine Lungenentzündung

Und am Anfang bin ich gar nicht gern
Auf den Friedhof gegangen
Weil ich nie genau wußte ob ich
In der richtigen Stimmung war
Also ob alles echt ist
Oder nur Zeremoniell

Gottseidank kannte ich ja meinen Friedhof
Von klein auf
Fast jede Ecke und Kante
Und die Wege und die Kreuzungen
Und etwas angehoben lag der Ehrenfriedhof
Und kurz davor lag der Doktor Kaschade
Der bei den Nazis in Schutzhaft kam
Und vor den Gräbern der Männer
Sitzen immer die Frauen
Die Männer liegen
Die Frauen sitzen
Kommt natürlich immer drauf an
Wer zuerst dran kommt
Ein andermal sitzen an den Gräbern der Frauen
Die Männer
Da sitzen die Männer
Und die Frauen liegen
Wenn eine Bank da ist
Sonst müssen die Männer stehen
Und sagen oft: Was meinst du Lisbeth?
Zu ihren toten Frauen
Oder die Frauen sagen zu ihren toten Männern:
Es macht keinen Spaß mehr Egon

Nein ich kannte meinen Friedhof schon früh
In und auswendig
Das macht viel aus
Dann hat man schon ein sicheres Gefühl
Man weiß wo man hin geht wo es längs geht
Wo man hinkommt

Aha in diese Ecke kommt er hin
Schönes Eckchen
Da scheint die Sonne den ganzen Tag
Obwohl er nichts mehr davon hat
Aber man weiß es ja nicht

Haben Sie auch schon mal einen
Grabstein ausgesucht
Besser nicht
Da muß man auch frühzeitig dran denken
Man wird da zum Formalisten
Welches Kreuz nehmen wir
Wie hoch darf der Querbalken sein
Oder ist ein Palmwedel passender
Und was schreiben wir drauf
Nur den Namen und die Jahre
Schlicht bleiben
Der Friedhof als Geschmackssache
Ein Bäumchen wäre nicht schlecht
Und ein ewiges Licht
Dann aber ein gutes
Eins das nicht dauernd ausgeht
Am besten eins das nicht dauernd geklaut wird

Auf em Friedhof klauen se nämlich wie die Raben
Hauptsächlich Blumenvasen

Und da gabs immer ein Haus
Neben unsrem Friedhof
Und da guckte immer eine Frau aus dem Fenster

Die hatte ein Pflaster
Über ihrer Nase
Und das Pflaster wurde immer größer
Und das Gesicht immer kleiner
Und einmal war das Pflaster so groß
Daß man das ganze Gesicht nicht mehr
Sehen konnte
Und eines Tages guckte die Frau nicht mehr aus
Dem Fenster
Und alle sagten: Hautkrebs
Klar das war einwandfrei Hautkrebs
Und alle harkten weiter

Küche Krankenhaus Kirchhof
Die 3 Planstellen des Niederrheiners
Und man geht elegischen Schrittes
Hinter allem her was Leben und Sterben
So ausmachen
Steht vor der Kapelle
Und wartet bis der Sarg vorbeigetragen wird
Guckt an den Himmel und denkt jaja die Schwalben
Es gibt schönes Wetter
Hinter dem Friedhof bei uns lag die Eisenbahn
Dann kommt der Sarg und das Gerangel geht los
Wer ist der Nächste der Erste der Liebste
Der Wichtigste
Manchmal schubst man sich sogar
Daß der Pfarrer sich umdrehen muß
Der Friedhof legt alles offen auf den Tisch

Den schwarzen Schlips hab ich mir noch
Extra kaufen müssen
Nein ich hab das schon sehr früh gesehen
Und gehört
Wie die Menschen ganz leise werden
Und in dem Augenblick
Wo sie den Friedhof verlassen
Wieder ganz laut
Na dann könn wer ja wieder ne
Das hab ich schon früh erlebt
Endstation Friedhof
Das hält keiner lange aus
Das ist mir geläufig

Weil ich immer samstags mit auf den Friedhof mußte
Und wer eine große Familie hat
Macht auch viel Beerdigungen mit
Und bekommt auch viele Gräber
Das ist nun mal so
Das muß man sich vorher überlegen

Der Friedhof war für mich immer ein Spielplatz
Die Hecken die Umrandungen die Steine
Die Blumen
Der Abfall die Vasen die Kieselsteine die Gießkanne
Ich war der Wasserträger
Und harken durfte ich nach einem Fischgrätmuster
Und wußte wirklich alle Wege
Und kannte alle Gräber

Da liegt die Tante von dem Onkel
Hier liegt die Tochter von dem Vater
Da liegt der Vater von dem Vetter
Dort liegt der Bruder von der Mutter
Hier liegt der Onkel von der Schwester
Kompost und Unkraut
Da steht der Grabstein schief
Hier ist die linke Seite merklich abgesackt
Haben Sie ein Vierergrab
Ja wir haben ein Vierergrab
Wir überlegen noch
Höffkens haben auch ein Vierergrab
Da bleiben wir wenigstens zusammen
Der Friedhof machts möglich
Trauerarbeit sagt man ja
Heute alles eingeebnet
Damals Kinderübung
Samstags vor dem Baden
Nicht schlecht
Da lernt man was fürs Leben.

# Kannze doch mal aussteigen

Ich hab ja ma das inzwischen geflügelte Wort
Gesacht:
Der Niederrheiner weiß nix kann aber alles erklären
Und umgekehrt
Wenn man ihm etwas erklärt versteht er nix
Das heißt er versteht es manchmal schon
Aber er will es nicht einsehen
Wirklich wahr
Ich hab da ein gutes Beispiel
Aus meinem früheren kleinen Leben
Also aus meiner jüngeren Zeit
Womma so sagen
Sonz glauben Sie am Ende noch
Das hier wär schon mein zweites Leben
Also nee
So schnell schießen die Niederrheiner auch nicht
Also:
Ich bin ja und war ja immer schon viel unterwegs
Dat wissen Se ja
Un wenn ich dann bei meinen Reisen ab und zu
Über Duisburg kam
Dann sachte mein Vater jedesmal:
Da hättse doch mal vorbeikommen können
Nach Moers
Dat is doch en Katzensprung
Ja schon
Hab ich dann immer gesagt
Aber ich mußte ja um 14 Uhr in Bremen sein
Und da konnt ich eben nicht extra aussteigen
Warum musse denn schon
Um 14 Uhr in Bremen sein
Weil ich um 14 Uhr da zu tun hab
Ja aber du kannz doch mal
Wenn de schon über Duisburg komms
Kannze doch mal eben zum Kaffee rüberkommen

Das Theater der Stadt Duisburg beherbergt auch die Deutsche Oper am Rhein.

Wat meinze wat wir uns gefreut hätten
Ja ich sach Vater alles wunderbar
Nur wenn ich über Duisburg komm
Da kannze doch mal aussteigen
Eben nich
Weil ich ja dann meistens auf dem Weg
Nach Norden oder Süden bin
Und zu einer ganz bestimmten Zeit
In Frankfurt sein muß
Aber du kannz doch nur mal eben
Un wennet nur zwei Stunden sind
Einfach mal ne Pause machen

Guck ma wie du aussiehst
So schlecht hasse ja schon lang nicht mehr
Ausgesehen
Dat kommt nur von deiner Raserei jeden Tag
Ja aber sach ich dann ich will mal sehen
Wenn ich das nächste Mal nach Münster muß
Da kannze doch zum Mittagessen
In Duisburg aussteigen
Un nachem Kaffeetrinken
Bringen wir dich wieder an den Zug
Ich sag Vater
Is ja alles schön und gut
Aber ich muß doch schon am Nachmittag
In Münster sein
Warum denn schon am Nachmittag?
Weil ich da ein Rundfunkinterview habe
Rundfunkinterview
Wat is dat denn?
Naja die wollen mit mir im Radio sprechen
Achso
Ja aber kannz doch trotzdem mal vorbeikommen
Kannz doch die Rundfunkleut mitbringen
En Tass Kaffee und en Stück Kuchen hamwer
Immer noch übrig
Aber Vater die sind doch in Münster
Trotzdem
Von Münster bis hier
Dat ist doch nur um de Eck
Und die Züge gehen doch alle naslang
Also wenn du et nächste Mal über Duisburg komms
Krisse auch en lecker Teller Linsensupp
Und dann kannze am nächsten Tag immer noch
Nach Münster fahren
Wenn man denen das richtig verklickert
Dann kapieren die das auch
Jaja sag ich dann völlig geschlagen
Gut gut so machen wers Vater
Genau so
Is ja nur en Katzensprung
Kannz auch schon en Tag vorher kommen
Ja Vater sag ich wenn ich über Duisburg komm
Auch wenn de über Düsseldorf komms
Kannze auch vorbeikommen
Und dann geb ichs auf
Dann geb ichs wirklich auf
So viel Niederrhein auf einmal
Dat hällze nich aus.

Niki-Brunnen in Duisburg

Zum Verweilen und Spielen laden die Brunnen auf der Königstraße in Duisburg ein.

Mutprobe im Duisburger Zoo

Kultur in Duisburg hat viele Bühnen: Urban Sax, Zarathustra und Hochofentourismus im Landschaftspark Nord; „Les Misérables" im Musical Theater.

Rhein in Flammen: Silvesterstimmung im Herbst.

## Kränkskes

Also manchmal weiß ich auch nicht mehr
Was mit der Menschheit los ist
Jeder will immer besser und schneller sein
Als der andere
Und wat ich erst gar nicht glauben wollte
Auch noch kranker und kränker
Inne Vluyn bei uns am Niederrhein
Da sagen se ja kränkskes
Da bin ich ja oft als Kind bei Onkel Johannes
Gewesen
Johannes Lohbeck
Ich weiß nicht ob Se den gekannt haben
De hatte immer manchmal sonne Pickelhaube auf
Ich glaub noch von 70/71
De war Schiedsmann
Und de sachte immer wenn ich kränkskes war
Laß de Jung ma liegen
De is kränkskes
Laß de ma liegen de hat ja jetzt schon 38.1 Fieber
Dat seh ich von hier aus
Laß de ma liegen
Lieber jetzt drei Tach als später vierzehn Tach
Dat seh ich doch von hier aus
Laß de ma liegen
Ich sprech schon mit dem Lehrer
De Jung ist ja nich dumm
Dat is ne völlig falsche Rechnung
Lieber jetzt wie gesacht drei Tach
Als später vierzehn Tach
Ich sprech schon mit dem Lehrer
Ich kenn doch die Brüder all
De hat jetzt schon 38.7
Un sach nicht ich hätt et nich gesacht
Dat is ne völlig falsche Rechnung
Laß de ma liegen
Dat holt de schon auf
Ich sprech schon mit dem Lehrer
De is kränkskes de Jung
Dat sieht man doch von weitem

Niederrheinidylle bei Schaephuysen

Laß de ma schön liegen
Dat macht gar nix
Sollze ma sehen
Und dann kniff er einem immer en Äugsken
De Onkel Johannes
Als wenn er sagen wollte
Und wenn de Ferien has da kommsse ma
Nach de Vluyn
Und da kannze schlafen un spielen
So lang wie de willz
Laß de Jung ma liegen
Besser jetzt drei Tach als später vierzehn Tach
Und sach ich hätt et gesacht
Tach zusammen!

Neukirchen-Vluyn: Schloß Bloemersheim

## Die Violine oder der verlorene Sohn

Eine niederrheinische Biographie oder wie es bei mir wirklich war

Wer von Kindesbeinen an eine Violine sein eigen nennen kann, der ist tief zu beneiden, ist er doch schon im Strampelhöschen in der angenehmen Lage, die Violine zu bestreiten. Er kann sie später in der Badewanne schwimmen lassen, Violine Ahoi sagen, oder, wenn es ihm Frau Musika eingibt, ihr auch hie und da ein fideles Pizzicato entlocken. Die Violine jedenfalls wird es ihm danken, denn wer da rastet, der da rostet. Das wissen ja am besten die Zigeuner, die nicht nur immer wieder Kinder in die Welt, sondern auch Violinen an den Hals setzen, als wären sie mit ihnen verwachsen, wie seinerzeit die flinken Hunnen mit ihren wendigen Pferdchen, auf denen sie ja bekanntlich das Rindfleisch für ihr Sonntagssüppchen zurechtritten. Ob Etzel alias Attila auch schon die Violine fingerte, verschwieg des Fiedlers Höflichkeit bis heute, aber es ist anzunehmen, daß Etzel in einsamen Stunden, wenn er in seinem königlichen Zelt auf und ab schritt, seine behaarten Hunnenhände lieber von Zeit zu Zeit an eine Violine gelegt hätte, als mit ihnen seinen gewiß nicht häßlichen, aber immerhin 42 cm langen Zwirbelbart zu überprüfen. Denn was ein waschechter Nomade ist, der ist auch ein melancholischer Musensohn. Und was ein richtiges Musensöhnchen ist, das verfällt zuletzt auch immer wieder dem atemraubenden Schmelz der Violine, wenn sie am Abend, unweit eines schon lange verfallenen Ziehbrunnens von einem schnurrbärtigen Rinderhirten gestrichen und gestreichelt wird. Schüchtern treten dann Kühe concertant aus benachbarten Ställen, und musische Hühner hören auf zu scharren und blicken mit ihren kritischen Hühneraugen hinauf zum Mond, der, wie der Dichter so schön sagt, wie eine durchgeschnittene Apfelsine am Firmament hängt und Feld und Flur beleuchtet. Dralle Mädchen, Hand in Hand mit schmucken Burschen, kommen auf schmalen Pfaden daher, und der Geiger trillert, zupft und wimmert, so daß der alte Bauer schließlich zur Bäuerin sagt: Man hätte Zigeuner werden sollen.

Nun, langer Violine kurzer Sinn, wenn man den Stammbaum meiner Familie durchblättert, findet man, auch bei genauem Hinsehn, keinen einzigen Pußtasohn, keine Pußtacousine, geschweige denn eine Pußtatante. Auch handelte niemand mit Borstenvieh und Schweinespeck. Gleichwohl hieß es kurz nach meiner Geburt, als 36 Familienmitglieder liebäugelnd um mich herumstanden: Der Junge muß Geiger werden! Mein Vater sagte: Von mir aus. Meine Mutter: Meinen Segen hat er. Ein Onkel sagte: Ich schenke ihm die erste Violine. Mein Opa sagte: Ich die zweite. Und meine Oma: Ich die dritte. Tante Hedwig: Ich die vierte. Und eine Kusine meiner Mutter: Ich die fünfte. Und der Bürgermeister: Ich die sechste. Und der Apotheker: Ich die siebte. Und der Pfarrer: Ich die achte. Und der Gymnasialdirektor, ein Oberstleutnant a.D.: Ich die neunte. Da warf ich mein Milchfläschchen vor Freude an die Wand, machte mein Dichterchen und mein Bäuerchen und schlief erschöpft ein.

Zu meinem zweiten Geburtstag bekam ich, wie versprochen, von meinem Onkel Peter, einem zukurzgekommenen Rechtsanwalt, daher Sekretär bei einem Notar, meine erste Violine. Mein lieber Neffe, sagte er und beugte sich tiefbewegt zu mir herab, diese deine Violine, die ich dir hiermit überreiche, hat 360 Mark gekostet, und ich und meine Frau, deine liebe Tante Gretchen, wir haben uns Tag und Nacht dafür krummgelegt, um dir, mein lieber Neffe, an deinem Ehrentage dieses Geschenk machen zu können. Und wenn ich mal nicht mehr bin, dann kannst du immer sagen, diese Geige hat 360 Mark gekostet.

Am nächsten Tag machte ich meine ersten Schritte auf meiner ersten Violine. Sie hielt nicht, was die 360 Mark versprochen hatten.

Zu meinem dritten Geburtstag bekam ich meine zweite Violine von meinem Opa väterlicherseits, einem kleinen, bescheidenen, etwas hilflosen Mann. Mein liebes Enkelkind, sagte er und zog mich dabei auf sein linkes Knie, ich habe in meinem ganzen Leben nie eine Violine besessen, aber wenn die andern alle meinen, daß es das beste für dich sei, dann will dein Opa väterlicherseits sich nicht ausschließen und deiner Zukunft nicht im Wege stehn. Dann entließ er mich von seinem Knie, drückte meinem Vater, seinem Sohn, die Hand und sagte: Heinrich, ich brauche dir wohl nicht viel zu sagen, ich brauche dir wohl gar nichts mehr zu sagen. Da fing meine Oma väterlicherseits zu weinen an und ging in eine stille Ecke.

Am nächsten Tag machte ich meine ersten Schritte auf meiner zweiten Violine. Sie war etwas stabiler als die erste, aber die Saiten rissen, der Hals brach und das „schöne Holz", wie meine Mutter sagte, wanderte am übernächsten Tag in den Mülleimer, und wenn es nicht gestohlen worden ist, dann liegt es heut' noch drin.

Mein Vater sagte damals mit gerunzelter Stirn: Nun, zweimal ist keinmal. Der Junge soll sich erst mal austoben und die Welt kennenlernen. Wenn er mit vier Jahren anfängt, Violine zu spielen, ist es immer noch früh genug.

Zu meinem vierten Geburtstag bekam ich meine dritte Violine von meiner Oma mütterlicherseits, eine Frau, die mit beiden Händen im Leben stand und mit den Füßen sprach. Sie küßte mich ab und sagte: Nun, mein kleiner Racker, was hat deine Oma mütterlicherseits dir wohl mitgebracht? Vielleicht, zischte ich durch die Zähne, vielleicht eine Violine? Jaaa, riefen alle, er hat's, er hat's, was für ein schlauer Bub er doch ist. Nun mach schön deinen Diener, sagte mein Vater zu mir, und meine Mutter zeigte die neue Violine überall herum und sagte: Die ist aber auch wirklich sehr, sehr schön, da hat sich Omi selbst übertroffen. Ich war inzwischen unters Sofa gekrochen. Das hat er von seiner Mutter, sagte mein Vater.

Am nächsten Vormittag sagte meine Mutter zu mir: Damit du die Violine von Omi mütterlicherseits nicht auch noch kaputtmachst, hänge ich sie so lange in den Kleiderschrank, bis du reingewachsen bist.

Die Niers auf ihrem Weg nach Wachtendonk.

Blick über das „platte Land“ auf Wankum.

Ich habe Omis Violine nie angerührt. Sie fiel später den Motten zum Opfer, die Violine, und Omi sagte noch kurz vor ihrem Tode: Sagt dem Jungen, er soll den Bogen nicht überspannen.
Zu meinem fünften Geburtstag bekam ich – es läßt sich jetzt leicht errechnen – meine vierte Violine, und zwar von Tante Hedwig. Tante Hedwig war eine kurze und bündige Frau, und alles, was sie tat und sprach, war ebenso kurz und bündig. Sie nahm Haltung an, faßte mich streng in ihr caritatives Auge und sagte: Ich bin der Worte nicht sehr mächtig, an deinem Ehrentage möcht ich dir nur sagen: Wo eine Violine ist, ist auch ein Steg, und wo ein Wille ist, ist auch ein Weg, dies spricht zu dir aus Mülheim-Kettwig deine Tante Hedwig.
Ich saß bei diesen Worten auf dem Fußboden, war mit meinen fünf Jahren schon sehr ergriffen und sagte, nachdem ich die Violine ausgepackt hatte: Ich danke dir, Tante Hedwig, für die wunderschöne Gabe, die ich von dir bekommen habe.
Man kann sich nun, glaube ich, vorstellen, was an den folgenden Geburtstagen passierte. Niemand kam auf den Gedanken, mir eine Laubsäge, eine Dampfmaschine oder ein Abenteuerbuch zu schenken, nein, sie erfüllten alle ihr musisches Soll, das sie mir kurz nach meiner Geburt verkündet hatten. Alle sagten ihr Sprüchlein, gaben ihre Violinen ab, und zu Weihnachten und Ostern bekam ich die entsprechenden Noten dazu.
Aber mit zehn Jahren, es war ein regnerischer Dienstag, sagte ich zu meinem Vater, mal herhören, ich habe mich soeben entschlossen, entweder Landmann oder Beamter zu werden. Wie bitte, sagte mein Vater. Ich höre wohl nicht richtig, sagte meine Mutter, schlag dir solche Fisematenten nur schnell aus dem Kopf. Ich möchte, sagte ich, ein paar Kühe, ein paar Schweine und ein kleines Stück Land und meine Ruhe haben oder Beamter in der Registratur sein: Mechanische Arbeit, Pension, bezahlte Ferien, keine Illusionen und keinen Ärger haben.
Das kommt überhaupt nicht in Frage, sagte mein Vater, du nimmst deine Violine und wirst das, was tausend andere auch schon geworden sind, nämlich: Künstler! Das könnte dir so passen, jetzt einfach aus der Reihe tanzen und das schwarze Schaf spielen. Andere wären froh, wenn sie Künstler werden könnten. Denk doch mal an Oma und Opa, an Onkel Peter und Tante Hedwig, was sollen die wohl denken, wenn ich denen plötzlich sage, der Junge will Beamter werden oder Landmann. Warte nur mal ab, wenn der Ernst des Lebens kommt, dann bist du froh, daß du Künstler bist und wirst deinen Eltern nochmal auf Knien danken, daß sie frühzeitig daran gedacht haben, dir auch das geistige Rüstzeug mitgegeben zu haben, denn so einfach ist das im Leben nicht, daß man bloß zu sagen braucht, ich werde Beamter und dann ist man auch schon gleich Beamter. Du stellst dir das vielleicht so einfach vor, nein, du wirst Künstler, du nimmst deine Violine und machst unserer Familie keinen Strich durch die Rechnung. Verstanden? Ich schwieg. Ob du mich verstanden hast? Ich schwieg,

und meine Mutter sagte, den Dickschädel, den hat er von seinem Großvater väterlicherseits. Ich stand auf und ging mit meinen paar Jahren, zehn warens insgesamt, an die frische Luft und wurde seit dieser strittigen Stunde zu Hause nie mehr gesehen.

Als ich heiratete, schrieben mir meine Eltern: Wir haben uns nun mit dir abgefunden. Aber du sollst wissen, daß zu Hause bei uns immer eine Violine bereit hängt, wenn du dich doch noch anders entschließen solltest.

Heute sitze ich auf meinem kleinen Bauernhof mit 2 Pferden, 6 Kühen, 14 Schweinen und 53 Hühnern, bin zufrieden und vollkommen ruhig, schmauche an langen Winterabenden mein Pfeifchen und schaue vergnügt und listig schmunzelnd über Land und Leute. Der Hof geht recht und schlecht, mal ist die Ernte gut, mal ist sie weniger gut, aber mehr und mehr werde ich ein ausgeglichener Mensch, und von der hohen Kunst, insbesondere von Frau Musika mit ihren Gespielinnen, bin ich weit entfernt, so weit, daß ich selbst das Blöken der Kühe nicht mehr wahrnehme.

Allerdings, wenn manchmal der Pferdejunge zum Frühlingstanz oder zum Herbstkehraus seine Fiedel zur Hand nimmt und Mädchen und Buben zum fröhlichen Dorfreigen ansetzen, drücke ich mich etwas tiefer in meinen bequemen Ohrenbackensessel und stiere minutenlang auf einen wunden Punkt. Und es ist auch schon vorgekommen, daß ich mich dabei ertappte, wie ich beiseite sagte: Vielleicht, vielleicht hätte man doch Künstler werden sollen. Laß man, sagte darob meine Frau, jeder an seinem Platz, der eine ist Bauer, der andere ist Künstler, wir werden das Leben schon zwingen. Da ging ich in eine stille Ecke und lachte so schallend und so lange, bis das ganze Dorf zusammenlief und der Älteste sagte: Seht, er hat den Verstand verloren, so lacht kein vernünftiger Mensch, so lachen sie in der Stadt. Das kommt davon, sagte der Älteste nun zu den Kindern, wenn man auf Stachelbeeren Wasser trinkt, unreife Äpfel ißt und immer meint, man brauche nur so in den Tag hineinzuleben.

Da lachte ich noch lauter und länger und ging in den Stall zu den Schweinen und fütterte sie mit den besten Kartoffeln, die ich geerntet hatte, auf daß nichts umkommen sollte, wie es meine vielen Tanten immer zu mir gesagt hatten.

Straelen: Haus Coull

Kleinkunst beim Stadtfest auf dem historisch restaurierten Marktplatz.

Der Niederrhein kennt keine Grenzen: Schloß Arcen (NL) mit dem Rosengarten.

Ein internationaler Wettbewerb der Straßenmaler findet alljährlich im August in Geldern statt.

Kamp Lintfort: Der barocke Terrassengarten von Kloster Kamp ist eine Rekonstruktion des ehemaligen „Sanssouci am Niederrhein".

„Spiel mir das Lied vom Tod" auf dem mittelalterlichen Markt vor dem Kloster Kamp.

## Das Schuhschwämmchen

Also das Schönste in der Adventszeit
Ist ja bekanntlich nicht die Freude
Sondern die Vorfreude
Vor allen Dingen wenn mein Frau mich in Ruh läßt
Und nicht dauernd fragt:
Wat möchts du denn zu Weihnachten
Da is die nämlich schon seit Oktober dran
Wat möchtest du denn?
Ich denk dann immer sach ma nix
Ich hab doch alles
Das heißt alles hab ich auch nicht
Aber ich muß
Sagen wer mal
Nix dazu haben
Ich mein für ne Segelyacht oder ne Villa
In der Provence
Dafür bin ich sowieso nicht zu gebrauchen
Wat soll ich da
Dauernd dahinfahren ob de Fensterscheiben
Noch drin sind
Nee dat is nich mein Lebensziel
Ich sitz gern zu Haus inne Küch am Niederrhein
Da muß ich keine Karibik haben an Weihnachten
Aber mein Frau läßt nicht locker
Irgendwas wird dir doch einfallen
Ja gut sach ich eine Kleinigkeit
Ja was ist denn das eine Kleinigkeit
Das sagst du jedesmal eine Kleinigkeit
Aber du sachst nie was das ist eine Kleinigkeit
Ja ich weisset doch auch nich
Einfach sowat Kleines
Son kleines Schuhschwämmchen vielleicht
Wat ich dann so für unterwegs mitnehmen kann
Dat isset
Genau dat isset
Son kleines Schuhschwämmchen für die Reiserei
Aber das kann ich dir doch jeden Tach kaufen
Son Schuhschwämmchen
Das ist doch keine Überraschung
Son kleines Schuhschwämmchen das ist
*Die* Überraschung sach ich
Die Überraschung *schlechthin* weil da an
Weihnachten
Kein Mensch dran denkt
Alle schenken se sich Schmuck un feine Sachen
Überall
Aber auf son klein Schuhschwämmchen
Da kommt keiner drauf
Ja sacht mein Frau un dann gehste überall hin
Und wenn du gefragt wirst was hast du denn
Zu Weihnachten gekriegt
Dann sachst du: Son kleines Schuhschwämmchen
Zum Mitnehmen
Und wie sieht das dann wieder aus
Wie steh ich dann wieder da
Son Schuhschwämmchen das kann man mal
Unter „ferner liefen“ schenken
Aber doch nicht als einziges Geschenk
Da muß doch noch ein Hauptgeschenk dazu
Nee sach ich umgekehrt

Das kleine Schuhschwämmchen
Dat is dat Hauptgeschenk
Weil dann brauch ich die doch nicht mehr
Aus den Hotels mitzunehmen
Sondern ich hab dann mein eigenes
Schuhschwämmchen
Und wenn de mir dann noch ein paar Socken
Un en Oberhemd
Dazu schenkst wie jedes Jahr
Dann bin ich schon zufrieden
Mehr brauch ich nicht
Aber das ist doch alles nix Halbes und nix Ganzes
Das muß doch auch gar nicht sein sach ich
Was Halbes will ich nicht und was Ganzes
Brauch ich nicht
Ich lauf sowieso immer am liebsten mit den
Gleichen Klamotten rum
Nur die Schuhe die müssen ab und zu
Geputzt werden
Ach mach doch watte willz
Sacht mein Frau dann immer wenn se bei mir
Nicht von der Stelle kommt
Mach doch watte willz
Aber komm mir nicht nach Weihnachten und sach
Dir wär noch was eingefallen
Du hättest da noch was gesehen
Nix!
Du kriegst jetzt dein kleines Schuhschwämmchen
Und damit basta!
Und sach ich am Heiligen Abend
Noch Kartoffelsalat mit Würstchen
Sonst hab ich kein Freud
An dem Schuhschwämmchen.

Typisch Niederrhein: Die Blink bei Hoerstgen – zu jeder Jahreszeit ein reizvolles Motiv für den Fotografen.

## Rammdösig

Sagen Sie mal
Werden Sie manchmal auch rammdösig
Dat is ja ein wunderbares niederrheinisches Wort
Aber wat dat genau heißt weiß ich auch nicht
Dat kann man auch gar nicht übersetzen
Aber daß man das ab und zu wird
Is ja in der heutigen Zeit
Mehr als verständlich
Und jeder sacht doch auch bei uns:
Da bin ich rammdösig geworden
Aber das Wort hat ja immer so was Freundliches
Dat is so zwischen verrückt un krank: rammdösig
Oder sagen wer mal zwischen ballaballa
Und hirnrissig
Oder auch daß man et Fenster rausspringen möchte
Weil man keinen Überblick mehr hat
Un die Welt einem ziemlich sinnlos vorkommt
Weil keiner mehr genau weiß wat denn nun los is ne
Ja weil alles so eng beieinander liegt auf einmal
Freud un Trauer un Wut un Haß
Un Jubel un Trubel un Rubel
Un Reich un Arm un Liebe un Totschlag
Da werd ich dann rammdösig
Dat is jetzt medizinisch nicht das richtige Wort
Aber dann möcht ich mit dem Kopf
Gegen die Wand manchmal
Also rammdösig
Ich mein die Welt ist sowieso nicht mehr
In den Griff zu kriegen
Das muß man sich nur mal klarmachen
Der eine Teil da is ja noch tiefstes Mittelalter
Un der andere Teil da isset wie bei Sodom
Un Gomorrha
Also Saus un Braus un nach mir de Absinthflut
Un das Ganze wird vonne Mafia regiert
Aber soweit wollt ich gar nicht ausholen
Aber die Welt is krank un verrückt sach ich immer
Die einen feiern und die andern trauern
Wo de hinguckst
Da wirsse auf de Dauer organisch-rammdösig
Da helfen keine Satiren mehr
Nix
Da musse weitermachen und aufpassen
Daß de eines Tages
Nicht selbst dran bist
Rammdösig
Is nich so
Is doch so
Rammdösig
Ja so is dat.

Europas größtes Steinsalzbergwerk fördert in Borth bei Rheinberg.

## Niederrheinische Erklärung

Also ich sach ja oft:
Sach ma nix
Aber manchmal da muß ich aus der Haut fahren
Aus meiner niederrheinischen
Haben Sie auch festgestellt daß der Zucker
Über alle Maßen nachgelassen hat
Ich beobachte das schon seit längerer Zeit
Also früher da konnte man doch in eine Tasse Kaffee
Oder Tee
Zwei Stück Zucker reintun
Dann war das süß genug ne
Heute müssen Se manchmal vier Stück Zucker
Ungelogen
In eine Tasse werfen
Bis Sie überhaupt irgendwas
Was süß sein soll herausschmecken
Und die Zuckerstücke sind auch kleiner als früher
Einwandfrei!
Nee das ist keine Einbildung
Die Dinger sind einwandfrei kleiner
Da können Sie mir sagen was Sie wollen
Ich seh doch was ich sehe
Das hängt mit Kuba zusammen wahrscheinlich
Ich weiß et nich genau
Aber die Dinger sind kleiner
Also die sind wie Plazebos oder wie die heißen
Die sehen zwar wie Zucker aus
Schmecken aber nach nix
Dat is weil die Kubaner ja Rußland nich mehr
Im Nacken haben
Nich mal mehr im Rücken
Sondern der Kubaner is ja ziemlich auf sich selbst
Angewiesen
Deshalb war ja auch der Fidel schon beim Papst
Und da sacht der Kubaner sich natürlich
De Zucker is erstmal für uns da
Un de Rest
Also sagen wer mal die Ausschußware
Die können wer ja verkloppen
Ich mein so stell ich mir das vor
Aber wie gesacht Sie müssen mal für Spaß
Drauf achten
Daß der Zucker überall nachgelassen hat
Nicht nur am Niederrhein
Und daß es eigentlich höchste Zeit ist
Das auch mal zu sagen un nich immer sach ma nix
Un wenn ich mich richtig damit auseinandersetz
Dann sacht mein Frau immer
Ob ich wieder am Spinnen wär
De Zucker hat nachgelassen
Wat ne Quatsch
Du hast nachgelassen
Weil du ja immer so viel Zucker nimmst
Schmeckst du inzwischen nix mehr davon
Also das ist ja nun der abgefeimteste Blödsinn
Den ich seit Jahrzehnten gehört hab
Ja et is aber so sacht mein Frau
Wenn du weniger Zucker nehmen würdest
Würds du auch eines Tages wieder schmecken
Wie süß dat alles is

Typisch Frauenlogik: Wenn ich weniger Zucker nähme
Würde ich die Süße wieder schmecken
Un wenn ich überhaupt keinen nehm
Dann is der Kaffee
Wohl am süßesten oder wie ist das
Och mach doch watte willz
Sacht mein Frau dann immer
Bei dir ist ja doch Hopfen und Malz verloren
Hopfen und Malz ist ganz was anderes
Sach ich dann immer

Wenn du nur das letzte Wort hast
Sacht mein Frau dann wieder
Also bei uns geht es heftig zu sach ich Ihnen
Und nicht so wie ich neulich gelesen hab
Daß es Ehepaare gibt die nur zehn Minuten am Tag
Miteinander reden
Nee wenn wir reden dann fliegen bei uns oft
Die Fetzen
Da hören wir gar nicht mehr auf
Denn dann wissen wir wenigstens
Daß es uns noch gibt
Und zwar rund um die Uhr
Da wird der größte Krach zur Liebeserklärung.

Hauptsehenswürdigkeit und weithin sichtbares Wahrzeichen von Wesel ist der Willibrordidom.

Abendstimmung auf dem Rhein bei Wesel.

Auf den Spuren der Römer am Niederrhein: der Archäologische Park in Xanten (APX).

Sach ma nix
Sachte meine Tante Liese immer
Wenn ich mittwochs nich zum Antreten
Bei de Hitler-Jugend ging
Dat mach ich schon
Wenn dein Vater wat sacht
Sach ma nix

Das Klever Tor und die Türme des St.-Viktor-Doms: ein reizvolles mittelalterliches Ensemble.

Radwanderer im
Naturschutzgebiet der
Bislicher Insel.

Xantener Nordsee: Wassersportrevier außerhalb der Stadttore in Xanten-Vynen.

Typisch Niederrhein: Weidelandschaft bei Sonsbeck.

Kevelaer:
Pilgergruppe vor der Gnadenkapelle; Motorradfahrer-Wallfahrt auf dem Kapellenplatz vor der Gnadenkapelle.

Mit zwei Schlössern und einer schönen Lage an der Niers kann die Ortschaft Weeze aufwarten: Schloß Kalbeck.

Schloß Wissen

Eine Verbindung zwischen den beiden Schlössern stellt die kleine handbetriebene Fähre „Jan an de Fähr“ her. Im alten Fährhaus läßt sich gut rasten.

Goch: Die Susmühle war früher eine Walkmühle für die in Goch bedeutende Wollindustrie.

## Niederrheinische Meinung

Also ich bin ja eigentlich
Hab ich Ihnen glaub ich schon mal erzählt
Was Formen anbetrifft immer noch ziemlich ratlos
Obwohl ich ja für Formen bin
Nix da: Ich bin für Formen
Warum weiß ich auch nicht
Ich mein insgesamt bin ich mehr so für
Herzensbildung
Aber ingesamt hilft einem das auch nicht weiter
Wenn man mal in eine sagen wer mal
Spezielle Lage kommt
Obwohl Lage klingt ja auch schon wieder
Zu gefährlich
Also sagen wer mal in eine Dinges
In eine unvorhergesehene Lage
Quatsch!
Lage wollte ich ja nicht mehr sagen
Also in eine nicht voraussehbare Situation kommt
Die aber nicht lebensbedrohend sondern
Einfach nur unangenehm is
Booor is dat manchmal schwer sowat richtig
Zu beschreiben wie einem zumute ist
Un wir Niederrheiner brauchen da doppelt so lang
Weil wer 1. niemandem weh tun wollen
Man kann ja nie wissen
Un 2. weil wir et einfach selbst nicht
So genau wissen
Un immer drumrum reden bis der andere
Gar nicht mehr weiß
Was wir sagen wollen
Oder was unsere persönliche Meinung ist
Meine persönliche Meinung sagt der Niederrheiner
Ist hier gar nicht maßgebend
Aber wenn ihr se unbedingt wissen wollt
Dann ist meiner Ansicht nach
Ich will mal so sagen
Mein Eindruck ist daß
Sagen wer mal daß von vornherein ...
Und dann wird der Niederrheiner ganz exakt
... daß von vornherein die Sache selbst
Meine ich jedenfalls und man kann das sicher
Auch anders sehen
Das bleibt ja gottseidank jedem unbenommen
Heutzutage
Aber das ist meine Meinung
Die wie gesacht ja auch
Nur eine unter vielen ist
Das wollte ich nur mal gesacht haben
Damit ihr nicht denkt
Dem ist das doch völlig egal wer in den Vorstand
Gewählt wird
Eigentlich ist mir das auch egal
Aber nicht so wie ihr das vielleicht denkt
Und dann setzt sich der Niederrheiner
Und dann kloppen se all so mit der Hand
Auf den Tisch
Einige sagen ganz knapp: Bravo
Und hinterher anne Thek
Diesmal nicht bei Hein Lindemann
Sondern bei Wim Kerckhoff

Dat is de älteste von Kerckhoffs Hein
Genau
Der war ja lang bei de Marine
Un hat jetzt die neue Kneipe aufgemacht
„Zum Blauen Anker"
Schön gemacht alles
Son bissken englisch wie son Pub aber schön
De Sparkass hängt da glaub ich auch mit drin
Ich weisset nich jedenfalls naja immerhin
Un dann heisset:
Also Karl deine Rede wunderbar
Dat war doch keine Rede sacht der Karl
Dat war meine Meinung

Denn so isset doch
Wir hätten da schon viel viel früher
Also ich mein
Jetzt ist es mal gesacht
Womma gucken
Ich mein ich sach ja nich viel
Aber heut mußte das mal gesacht werden
Sehr richtig
Sehr gut
Sagen alle obwohl eigentlich gar nix gesacht
Worden ist
Aber immerhin
Einer hat endlich mal was gesacht
Und alles bleibt beim alten
Keiner ist beleidigt
Keiner geht nach Haus
So schön war et lang nich mehr
Zum Wohl
So wird „Im Blauen Anker" am Niederrhein
Die Welt zusammengehalten.

## Geburtstach

Also wenn ich Geburtstach hab
Dann geht das bei uns genau so los
Wie bei dem Schuhschwämmchen
Kurz vor Weihnachten
Haben Se sicher gelesen
Obwohl ich gern Geburtstach hab
Un ich sach immer: Einmal im Jahr is eigentlich
En bissken wenig
Aber wat willze machen
Wie wir Niederrheiner immer sagen
Wat willze machen
Wenne gesund bist un hast dein Auskommen
Heutzutage
Ist schon viel wert
Außerdem bin ich Stier da kann man schon
Zufrieden sein
Wir feiern ja nicht groß
Bei so ungerade Zahlen muß das auch nicht sein
Ich hab gesacht
Untersteht euch
Et wird nix gemacht
Weil ich hab ja alles
Aber mein Frau die is immer schon Wochen vorher
Wie an Weihnachten wie gesacht
Am drängeln und am fragen
Ich sach ich brauch wirklich nix
De echte Niederrheiner legt auf nix Wert
Bücher brauch ich keine
Ich komm ja gar nicht zum Lesen
Ich hab neulich die große Zeitung
Die kommt immer donnerstags
Abbestellt
Da lagen davon acht Zeitungen bei mir rum
Un ich hatte keine Zeit die alle in Ruhe zu lesen
Dat ist die große Zeitung und ich sach ja immer
Wenn man die aufschlägt muß der Nachbar
Gleich zum Zahnarzt
So groß is die Zeitung
Wenn ich davon et Feujetong lesen will
Dann nehm ich mir die Blätter aus de Zeitung raus
Un nehm die mit aufs Klo
Ich komm ja sonst nicht dazu
Un so dicke Bücher dat hat bei mir
Gar keinen Zweck mehr
Un Schmuck
Damit kann ich schon gar nix anfangen
Sone Krawattennadel un all son Blödsinn
Nix
Un Hemden und Strümpf hab ich genug
Un Hüte
Meine Frau will mir schon seit Jahren immer
Einen Hut andrehen
Inne Ferien hab ich mir wegen der Sonne schließlich
Einen gekauft
Aus Filz wie von Joseph Beuys
Da seh ich drin aus
Wie son kanadischer Grenzreiter früher
Wie hießen die doch
Ranch-Rovers oder Regulatoren am Arkansas
Oder so ähnlich

Is ja lächerlich eigentlich
Ich mit meinen 1.73 un Schuhe muß ich mir
Sowieso anmessen lassen
Also nicht daß ich irgendwat wüßte
Hab ich zu mein Frau gesacht
Vielleicht kannze mir son Schokoladen-Nußkuchen
Machen
Mein Frau ist nämlich eine hervorragende Konditorin
Wir könnten zusammen ein Café aufmachen
Sie backt un ich mach dummes Zeuch
Aber son Kuchen das ist doch nix Bleibendes
Sacht mein Frau dann immer
Den hast du doch in drei Minuten auf
Vielleicht doch son Ring für den Zeigefinger
Du wolltest doch früher immer sonen dicken Ring
Am Zeigefinger
Wie bei de Medicis oder de Borgias
Hasse immer gesacht
Ja früher hab ich das gesacht
Früher da wollte ich ja auch immer
Sonen verrückten Wikingerkönig
Im Film spielen
Aber heute
Weißte was ich dringend brauch
Son Radiergummi
Ich hab nämlich neulich wieder den Bleistift entdeckt
Un da is son Radiergummi ganz wichtig
Vielleicht son Bleistift mit dem Radiergummi
Oben so dran
Kennze doch sicher
Wo der Radiergummi direkt mit dran ist
Da würdse mir en Freud mit machen
Aber sonst muß ich sagen
Ruh ich in mir selbst oder wie dat heißt
Ein Niederrheiner braucht eigentlich nur sich selbst
Un dann noch sein Frau und den lieben Gott
Aber sonst nix auf de Welt
Wirklich wahr.

Kalkar: In der Nikolaikirche fällt unter den zahlreichen Kunstschätzen besonders der Hochaltar aus dem 15. und 16. Jahrhundert mit seinen über 200 geschnitzten Figuren auf.

Den schönsten Blick auf die Stadt Rees und die Kirche St. Mariä Himmelfahrt hat man von der gegenüberliegenden Rheinseite von Reeserschanz aus.

Rheinbrücke von Rees im Abendlicht

Bäuerliche Idyllen bei Rees

Hoch über der Rheinniederung auf einem Höhenzug liegt das Wahrzeichen der Stadt Kleve: die Schwanenburg.

Sach ma nix
Un kumma hier
Da krisse Heimweh

Cerestempel im Amphitheater

Wichtige Ziele auf der Radwanderroute rund um Kleve: Die Schenkenschanzer Fähre über den Altrhein und die Donsbrüggener Windmühle.

## So ähnlich jedenfalls

Daß der Niederrheiner nix weiß
Aber alles erklären kann
Dat wissen Se ja
Un oft genug weiß er nix Genaues
Un sacht dann einfach:
So ähnlich jedenfalls
Und da uns dat aber zu kurz vorkommt
Hängen wer an das „So ähnlich jedenfalls“
Noch ein „Immerhin“ dran
Und um den Satz vollends abzurunden
Sagen wer dann noch ein „Naja“ hinterher
Oder „weiß ich auch nich so genau“
Das kommt auch oft daher natürlich
Weil wir Niederrheiner immer en bissken
Abwesend sind
Nich richtig zuhören
Un dann isset passiert
Dann wissen wer nich weiter
Un stehen höchst verloren inne Gegend herum
Un dann sagen wer meistens einfach nur:
Jedenfalls öh
Mehr nich
Da kommt dann nix mehr
Einfach nur: Jedenfalls öh
Wir wollen dann den Satz
Auch gar nicht mehr fortsetzen
Dem Niederrheiner reicht das „Jedenfalls“ völlig
Damit haben wir alles gesacht
Vielleicht daß wir dann noch nach einer Pause sagen:
Immerhin wie gesacht
Aber zu mehr können wir uns nich aufraffen
Aber damit haben wir die ganze Welt gemeint
Mit diesem „Immerhin“
Damit meinen wir Niederrheiner
Alle Säugetiere
Alle Naturgewalten
Und auch den ganzen Kosmos
Wenn wir „Jedenfalls immerhin“ sagen
Mehr brauchen wir da wirklich nicht zu sagen
Höchstens daß wir dann nach einer Pause noch sagen:
„Wie gesacht“
Um das „Jedenfalls“ noch ein bißchen
Zu unterstreichen
Immerhin
Sehn Se mal jetzt hab ich et selbst schon gesacht
Is ja logisch
Denn ich gehör ja auch zu diesen Niederrheinern
Die immer so verloren inne Welt rumstehen
Un immer einem sofort in drei Minuten das ganze
Leben erzählen
Aber als wenn wer uns dabei zwischendurch
En bissken
Ausruhen müßten
Sagen wer dann auf einmal „Jedenfalls öh“
Un dann muß sich jeder sein Teil denken
Und wir Niederrheiner sind damit auch zufrieden
Un gehen dann nach Haus
Und zu Haus wissen wer schon gar nicht mehr
Wat los war
Un wenn dann jemand fragt: Wie war et denn?

Dann kommt das berühmte: Wie sollet gewesen sein
Und kurz darauf kommt dann wieder:
„Jedenfalls wie gesacht
Weiß ich auch nicht mehr im Einzelnen
Aber immerhin“
Und dann herrscht wieder Stille
Und dann will auch keiner mehr wat wissen
All wissen wieder restlos Bescheid
Und sind mit dem Ergebnis völlig zufrieden
Höchstens daß noch jemand sacht:

Hab ich doch damals schon gesacht
Aber da habt ihr ja alle gesacht
Wie gesacht:
„Jedenfalls immerhin naja“
Mir geht das oft so
Daß ich irgendwo in der Welt rumsitze
Zum Fenster rausguck und vor mich hin sach
„Immerhin“
Jedenfalls dat hab ich oft
Daß ich ganz weit weg
Und doch am Niederrhein bin
Wie gesacht
Sach ma nix.

## Bald is schon wieder Ostern

Also ich sage Ihnen
Son Jahr
Also voriges Jahr dat war ja schon nicht auszuhalten
Aber dies Jahr geht noch schneller um als voriges Jahr
Also die Raserei von einem Tach zum anderen
Und schon is de Monat schon wieder futsch ne
Wat meinen Sie wie schnell wer wieder Ostern haben
Un wenn Ostern mal vorbei is
Dann geht et ja ruckzuck dem Ende zu
Dann kommt der Sommer
Un dann hamwer bald schon wieder Weihnachten
Also für mich müßte das alles eigentlich
Gar nicht sein
De ganze Jahreszeitenkram
Un dann muß man sich immer wat anderes anziehen
Un die Natur is ja auch nich mehr so wie früher ne
Is doch alles künstlich heutzutage
Un ich bin immer für das Natürliche gewesen
Un die ganzen Ausflüge dann immer
Un dann fahren se alle auf einmal Ski
Un brechen sich de Knochen
Is doch wahr
Ich hab noch keinen pensionierten oder
Passionierten Skiläufer gesehen
Der sich nicht wenigstens einmal
De Knochen gebrochen hätte
Oder mindestens einen Zeh
Mindestens
Un die liegen dann ja oft sechs bis acht Wochen
In Gips
Un dann is Frühling
Da gehen se all vor de Tür
Wie die Verrückten
Un dann kommt noch inne Politik was dazwischen
Dat man sich ständig ärgern muß
Ich hab ja damit Gott sei dank nix zu tun
Gott sei Dank!
Die wissen doch im Sommer schon nicht mehr
Wat se im Frühjahr gesacht haben
Nee also
Mein Frau die is auch in so einem politischen
Frauenverein
Von welcher Partei weiß ich gar nicht mal
Ich sach immer
Laß se ma ruhig dahin gehen
Kann se sich wenigstens de Zeit vertreiben
Un dann nimmt se immer unser Enkelkind mit
Und dann haben die beiden en Spaß
Wenn se dann nach Hause kommen
Un so geht de Sommer auch schön vorbei
Un dann fahren se wieder all weg bis
Gott weiß wohin
Nebenan bei uns die Dickmanns
Die sind voriges Jahr inne Taiga gewesen
Ich sach wat wollt ihr denn inne Taiga
Ja wissen se eigentlich auch nicht
Aber sachte sie da soll die Welt noch in
Ordnung sein
Noch so wie früher
Wie früher

Früher dat gibbet doch gar nicht mehr
Früher da hätten se mir zu Haus die Taiga
Links un rechts
Um de Ohren gehauen
Dat is aber auch nur um de Zeit totzuschlagen
Bei den Dickmanns
Un grad de Sommer
De hat ja kaum angefangen da is de doch
Schon wider
Auf und davon
Deswegen verreis ich ja auch nicht
Un wenn dann selten
Weil ich immer schon auf de Hinfahrt
An die Rückfahrt denke
Sollze mal sehen in ein paar Tagen
Musse schon
Wieder zurück
Un im Flugzeug da sieht man dann de ganze Kram
Nochmal von der anderen Seite
Wie hat doch de Dinges de Goethe damals gesagt:
Verweile doch verweile doch
Du bist so schön
So ähnlich hat er glaub ich gesacht
De Augenblick de soll also nicht vergehn
Un nach dem Augenblick hamwer schon Herbst
Un de Herbst der is ja dann praktisch schon
Womma sagen
Da wird ja dann praktisch meist schon
De Weihnachtsmarkt aufgebaut
Un jeder sacht wieder:
Das Jahr is rumgegangen wie nix
Ja also mehr is dat ja auch eigentlich nicht
Un wenn wir nicht ständig wat machen würden
Sagen wer mal auch beruflich und uns ablenken
Dann wär dat schon ziemlich albern
Ganz abgesehen davon
Daß es sehr schnell vorbeigeht
Sehr schnell.

In der Düffel, einem Naturschutzgebiet nordwestlich von Kleve, überwintern alljährlich Tausende von arktischen Wildgänsen.

Emmerich: Blick von der gegenüberliegenden Rheinseite auf die katholische Pfarrkirche St. Martin.

Abendstimmung auf dem Rhein bei Emmerich.

Auf dem Eltenberg nördlich von Emmerich steht die über 1000 Jahre alte St.-Vitus-Kirche.

Ein beliebtes Ausflugsziel nicht nur für die Emmericher Bevölkerung ist das Wasserschloß Anholt bei Isselburg.

Sach ma nix
Sachte der liebe Gott
Als wer uns wieder mal
In Dinslaken
Getroffen haben
Sach ma nix
Daß ich auch Niederrheiner bin
Sonst blutet ja den anderen
Das Herz
Sach ma nix